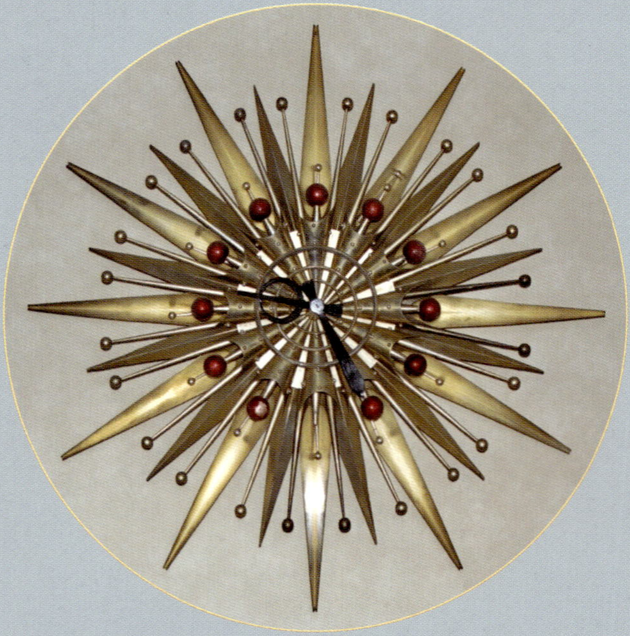

Sandra van Berkum

# OP REIS MET DE ROTTERDAM

## Welcome on board

SCRIPTUM

# Inhoudsopgave
# Contents

25 april 1964
Avondfeest aan boord van de Rotterdam ter gelegenheid van de 21e verjaardag van prinses Margriet

Evening gala on board the Rotterdam on the occasion of the 21$^{st}$ birthday of Princess Margriet

24 september 1964
Filmster Cary Grant en het organiserend comité van het gala van de American Cancer Society dat op de Rotterdam werd gehouden

Film star Cary Grant and the organising committee of the American Cancer Society gala that was held on board the Rotterdam

4 augustus 2008
De Rotterdam komt eindelijk aan in haar oude thuishaven Rotterdam

The Rotterdam finally returns to her old home port of Rotterdam

ROTTERDAM

1970 Kaapstad / Capetown

circa 1965 Rotterdam

1993 Lahaina

# Welkom aan boord!
# Welcome on board!

Welkom aan boord van het grootste passagiersschip dat ooit in Nederland is gebouwd.
De Rotterdam is in 1959 als vlaggenschip van de Holland-Amerika Lijn in de vaart gekomen en heeft alle wereldzeeën bevaren. Zij is gebouwd voor 'crossing and cruising', dus zowel voor de transatlantische lijndienst op New York als voor vakantiereizen. In de eerste tien jaar vaart de Rotterdam regelmatig vanuit haar thuishaven Rotterdam via Le Havre en Southampton naar New York en terug, maar al snel wordt zij gebruikt voor wereldwijde cruises. Tot 1997 maakt de Rotterdam meer dan duizend reizen, waaronder dertig wereldcruises. Daarna vaart ze nog drie jaar onder de naam Rembrandt voor de Amerikaanse rederij Premier Cruises, waarna ze in 2000 uit de vaart wordt gehaald.

Omdat sloop dreigde voor dit prachtige schip heeft een aantal liefhebbers in 2001 de Stichting behoud stoomschip Rotterdam opgericht om het schip een stem te geven. Hoewel de stichting niet tot

Welcome on board the largest passenger ship ever built in the Netherlands.
The Rotterdam was taken into service in 1959 as the flagship of the Holland America Line and sailed all the world's seas. She was built for 'crossing and cruising', both for scheduled transatlantic services to New York and for holiday cruises. In the first ten years, the Rotterdam regularly sailed from her home port of Rotterdam via Le Havre and Southampton to New York and then back again, but she was soon also used for world-wide cruises. Up to 1997, the Rotterdam made more than a thousand trips, including thirty world cruises. After that she sailed for three years under the name Rembrandt for the American shipping company Premier Cruises, before finally being decommissioned in 2000.

It seemed that this magnificent ship was doomed for the scrapyard, and so, in 2001, the Foundation for the Preservation of the Steamship Rotterdam was set up to give the ship a voice. Although it is not the

doel heeft het schip te bezitten of te exploiteren, heeft zij er wel aan bijgedragen dat de Rotterdam nu door u te bezoeken is.
De Rotterdam moest behouden blijven omdat zij het laatste grote Nederlandse passagiersschip is dat nog bestaat. Illustere passagiersschepen zoals de Nieuw Amsterdam, de Willem Ruys en de Oranje zijn allemaal verloren gegaan. Wereldwijd zijn er nog maar enkele van deze klassieke oceaanreuzen over. Bovendien was de Rotterdam na meer dan veertig jaar trouwe dienst nog in verrassend goede staat. Het resultaat van het vakmanschap van tientallen architecten, interieurontwerpers en kunstenaars en duizenden werfarbeiders. Uniek is ook de enorme stoomturbine-installatie die nog geheel in het schip aanwezig is.

Bedenkt u hoe bijzonder het is dat u met dit boek in de hand over het schip kunt wandelen. Door de prachtige authentieke zalen en de zes machinekamers met een lengte van wel negentig meter. De Rotterdam is maritiem, cultureel en technisch erfgoed van wereldklasse. Geniet ervan!

Klaas Krijnen
Voorzitter Stichting behoud stoomschip Rotterdam

aim of the foundation to own or exploit the ship, it has contributed to you being able to visit the Rotterdam today.
The Rotterdam must be preserved, because she is the last great Dutch passenger ship still in existence. Illustrious passenger ships such as the New Amsterdam, the Willem Ruys and the Oranje are all lost to us. Worldwide, there are only a few of these classic ocean giants remaining. Furthermore, the Rotterdam was, after more than forty years of faithful service, still in surprisingly good condition. The result of the craftsmanship of dozens of architects, interior desigers and artists and thousands of shipyard workers. The enormous steam-turbine installation, which is still fully intact in the ship, is also unique.

Think how remarkable it is that you can now walk around the ship with this book in your hand. Through the beautiful, authentic lounges and six engine rooms, with a total length of ninety metres. The Rotterdam is a piece of world-class maritime, cultural and technical heritage. Enjoy it!

1995 Yakutat Bay

1995 Martinique

1998 Rotterdam

24 september 1962
Duke Ellington en zijn orkest spelen op het liefdadigheidsbal voor een hospitaalfonds in New York

Duke Ellington and his orchestra play at a charity ball for a hospital fund in New York

augustus 1966
Rudi Carrell gaat op reis met de Rotterdam

Rudi Carrell sets sail on the Rotterdam

eind september 1959
Geduldig wachten op de terugkeer
van familieleden uit New York

Patiently awaiting the return of
family members from New York

# Op reis met de Rotterdam
# On board the Rotterdam

Duizenden emigranten heeft zij naar een nieuw leven aan de andere kant van de oceaan gebracht. Ontelbare reislustige passagiers heeft zij de wereld laten zien.
Vele handen hebben haar gebouwd. Het aantal mensen dat op dit schip heeft gewerkt is niet te tellen.
In het voetspoor van de vaklieden van weleer hebben honderden zich de afgelopen jaren aan de restauratie en renovatie van de Rotterdam gewijd. Om wederom velen de kans te bieden van het schip te genieten, er te werken en te leren.

## Geliefd

De Rotterdam speelde een rol in het leven van heel veel mensen en doet dat nog steeds. Over de hele wereld leeft het schip voort in de herinnering. Vrijwel iedereen heeft wel een familielid of kennis die 'iets' met de Rotterdam te maken heeft gehad. Maar ook jonge mensen die geen historische band met het schip hebben, raken ontroerd bij het zien van oude filmpjes van de tewaterlating of de allerlaatste aankomst in Rotterdam.

She has carried thousands of emigrants to a new life on the other side of the ocean. She has shown the world to countless travel enthusiasts.
Many hands built her. The number of people who have worked on this ship cannot be counted.
Following in the footsteps of those craftsmen of the past, hundreds have dedicated themselves in recent years to the restoration and renovation of the Rotterdam. So that many can once again have the opportunity to enjoy the ship, to work there and to learn.

## Loved

The Rotterdam played a role in the lives of very many people and it still does today. Throughout the world, the ship lives on in memory. Almost everybody has a family member or acquaintance who had 'something' to do with the Rotterdam. But even young people, who have no historic link with the ship, are moved when they see the old films of the launching or final berthing in Rotterdam.

Dit geliefde schip heeft zelf ook een lange, bewogen reis achter de rug. De Rotterdam is bezongen en bewonderd, maar ook verwaarloosd, aan haar lot overgelaten en op het nippertje gered van een onverdiend dramatisch einde.

This much-loved ship has a long, stirring journey behind it. The Rotterdam has been praised and admired, but also neglected, left to her fate and saved in the nick of time from an undeserved, tragic end.

### Onvergetelijk

Op volle zee kon de Rotterdam dagenlang varen zonder een haven te hoeven aandoen. Het schip was eigenlijk een drijvende stad. Aan boord was alles aanwezig om de passagiers te verzorgen, bezig te houden en een onvergetelijke tijd te laten beleven. De service was bijna onbegrensd. Van de afvaart tot de aankomst werden de passagiers in de watten gelegd.
Om dat te kunnen bieden moest er achter de schermen dag en nacht hard worden gewerkt. Op de brug en in de machinekamers, bij de schoonmaakdienst, in de wasserij, de bediening en niet te vergeten in het enorme keukencomplex werden lange diensten gedraaid.

De sfeer aan boord van de Rotterdam droeg ook bij aan het comfortabele gevoel. Dat had te maken met de bijzondere inrichting, waaraan architecten en kunstenaars hebben meegewerkt. Iedere publieke ruimte onderscheidt zich van de andere ruimtes aan boord en heeft een eigen signatuur.
Zo modern en luxe als de inrichting de eerste tien jaar was, zo vertrouwd en gezellig werd deze in de laatste decennia ervaren. Sterker

### Unforgettable

The Rotterdam could sail for days on end on the full sea without having to put into harbour. The ship was really a floating city. Everything was available on board to take care of the passengers, to keep them entertained and to ensure they had an unforgettable experience. There were almost no limits to the service. The passengers were coddled and spoiled from departure to arrival.
All this required hard work, day and night, behind the scenes.
Long shifts were put in on the bridge and in the engine rooms, by the cleaners, in the laundry, by the waiting staff and, by no means least, in the enormous kitchen complex.

The ambiance on board the Rotterdam also contributed to that feeling of comfort. This was due to the exceptional interior, the work of many architects and artists. Each public area distinguishes itself from all the other areas on board and has its own unique signature.
In the first decade, the interior seemed modern and luxurious; in later decades it became familiar and welcoming. In fact: the nostalgic ambiance of the late

nog: juist de nostalgische uitstraling van de late jaren vijftig maakte de Rotterdam tot het einde toe zo populair.

## Voor de lens

Ontelbaar veel momenten uit de geschiedenis van de Rotterdam zijn vastgelegd door professionele fotografen en scheepsliefhebbers. Talrijke gelegenheden trekken voorbij wanneer de archieven open gaan en de dozen van zolder worden gehaald. Historische mijlpalen zoals de tewaterlating en de proefvaarten, de aankomst van koninklijke of prominente passagiers, maar ook een keur aan evenementen: van galabals, recepties, diners en liefdadigheidsbijeenkomsten tot danslessen, kinderspelletjes, modeshows en missverkiezingen.

Daarnaast hebben miljoenen passagiers hun eigen memorabele momenten voor het nageslacht vastgelegd op kiekjes die soms wat vervaagd en verkleurd zijn door de tijd. Ze nemen afscheid van geëmotioneerde familieleden op de Wilhelminakade of wuiven hun geliefden vrolijk toe bij aankomst. We zien ze dineren, een kopje koffie drinken aan dek, slapen in de zon, uitkijken over het water of het glas met elkaar heffen.

En uiteindelijk is de Rotterdam zelf natuurlijk een meer dan fotogeniek schip. Wanneer zij de Nieuwe Waterweg op kwam varen of een haven aandeed, klikten de came-

fifties made the Rotterdam popular to the very end.

## In front of the lens

Countless moments from the history of the Rotterdam have been captured by professional photographers and ship lovers. Numerous occasions pass the review when the archives are opened and the boxes are brought down from the attic. Historic milestones such as the launch and test sailings, the arrival of royal or prominent passengers, but also a choice selection of events: from gala balls, receptions, dinners and charity events to dancing lessons, children's games, fashion shows and Miss elections.

In addition, millions of passengers have captured their own memorable moments for posterity in snapshots that are sometimes faded and coloured by time. They say their farewells to emotional family members on the Wilhelminakade or wave cheerfully at their loved ones as they sail into harbour. We see them dining, drinking coffee on deck, sleeping in the sun, gazing out across the water or toasting each other.

And finally there is the Rotterdam itself, a highly photogenic ship. Whenever she sailed up the Nieuwe Waterweg or berthed in a harbour, the cameras would click. Her gracious bows became famous. Moored at the Kop van Katendrecht, the Rotterdam still exudes

assage
afdeling
UG-59-38

< Nog snel even een foto maken voor het vertrek naar de Nieuwe Wereld. Dit familietafereel werd in 1959 vastgelegd door nieuwsfotograaf Daniël van de Ven (1929). Al vanaf 1948 werd Van de Ven steevast ingeschakeld wanneer er iets te beleven viel rond een van de schepen van de Holland-Amerika Lijn (HAL). Het leverde hem de eretitel Hoffotograaf van de HAL op. Los van hun vaak unieke historische waarde, blinken Van de Vens foto's uit door sublieme composities en meesterlijke lichteffecten

Just a final snap before leaving for the New World. This family portrait was taken in 1959 by news photographer Daniel van de Ven (1929). From as early as 1949, Van de Ven was always called in when there was something of interest happening around the ships of the Holland-America Line (HAL). This earned him the title of Court Photographer to the HAL. In addition to their frequently unique historical value, Van de Ven's photographs excel through sublime compositions and masterly lighting effects.

oktober 1959
De gloednieuwe Rotterdam afgemeerd aan de Wilhelminakade

The brand-new Rotterdam, moored at the Wilhelminakade

ra's. Haar gracieuze zeeg werd geroemd. Afgemeerd op de Kop van Katendrecht, boezemt de Rotterdam nog steeds ontzag in en nodigt zij uit tot fotograferen. Met op de achtergrond haar laatste thuishaven, de stad waar zij ooit te water ging.

Sandra van Berkum

authority and eagerly awaits the photographers. With, in the background, her final harbour, the city where she first took to the water.

# De Rotterdam

## circa 1968

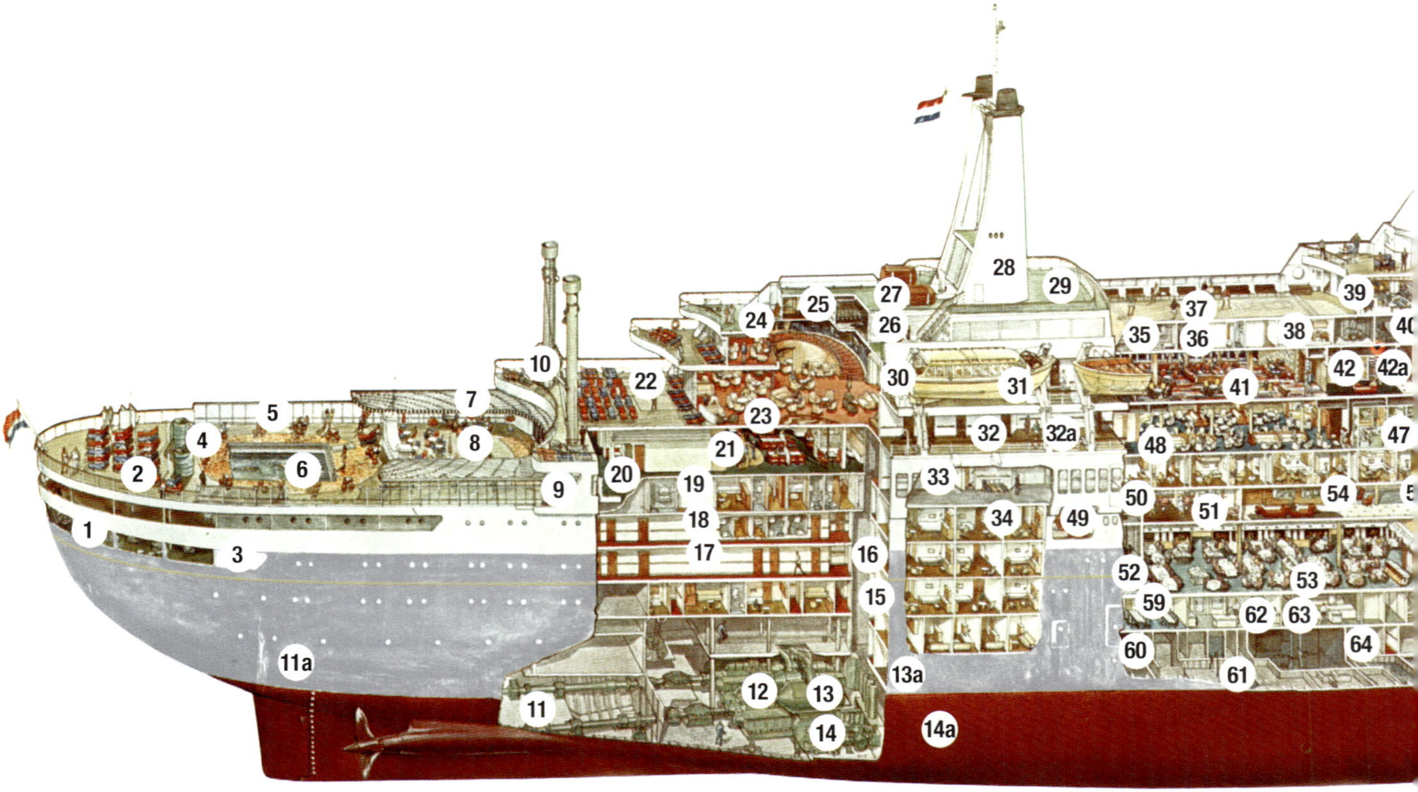

111
81
80
82
43
79
85
83
86
27
110
99
109
108
98
78
77
84
87
89
100
107
40
101
102
103
106
2a
76
88
104
105
129
131
75
90
105a
132
112
47
44
44a
74
91
113
130
46
45
55
73
93
92
114
127
128
56
57
72
94
125
118
120
124
58
71
115
66
70
121
126
68
69
95
97
116
117
119
123
65
67
122
96

## Opmerkingen

Deze tekening toont een doorsnede van de Rotterdam vanaf haar stuurboordzijde. Hierdoor zijn enkele aan bakboordzijde en midscheeps gelegen publieke ruimtes niet zichtbaar. Om toch een zo compleet mogelijk beeld van het schip te geven, zijn extra nummers aan de tekening toegevoegd.

Er is uitgegaan van de oorspronkelijke, vaak Engelse namen van de ruimtes en locaties, zoals ze worden gebezigd in *Gegevens s.s. "Rotterdam"*, een uitgave uit 1959 van de Holland-Amerika Lijn.
Wanneer ruimtes of locaties in de loop van de tijd een andere naam of functie hebben gekregen is dit aangegeven achter de oorspronkelijke naam.

Van de gemarkeerde ruimtes is op de volgende pagina's een foto terug te vinden. De foto's hebben een nummer dat correspondeert met dat nummer op de verklarende lijst. Het merendeel van deze foto's stamt uit de jaren zestig en is afkomstig uit de collectie van fotograaf Harry Mosch (1920-1986).
Hij maakte ze in opdracht van de Holland-Amerika Lijn die ze gebruikte ter promotie van de Rotterdam. Om een levendig beeld van de verschillende ruimtes en activiteiten aan boord te geven, maakte Mosch gebruik van fotomodellen. Zijn foto's vormen een bron van informatie over de interi-

## Remarks

This drawing shows a cross-section of the Rotterdam seen from her starboard side. Because of this, several public midship and port side areas are not visible. To offer a picture as comprehensive as possible of the ship, additional numbers have been added to the drawing.

Use is made of the original names, often in English, for the areas and locations, as these are used in *Facts s.s. "Rotterdam"*, a 1959 publication by the Holland-America Line.
When areas or locations have, in the course of time, been given a different name or function, these are indicated after the original name.

There are photographs of the areas highlighted on the subsequent pages. The photographs have a number which corresponds with that number on the explanatory list. The majority of these photographs is from the sixties; they are from the collection of the photographer Harry Mosch (1920-1986). He made them under assignment from the Holland-America Line, which used them to promote the Rotterdam. Mosch made use of photo models to create lifelike images of the various areas and activities on board. His photographs are a source of information about the interiors. In addition, they are the

eurs. Daarnaast behoren ze tot de meest sfeervolle die van het schip gemaakt zijn.

De Rotterdam was oorspronkelijk uitgerust met een eerste klasse en een toeristenklasse (tweede klasse). Beide klassen kregen de beschikking over een eigen dek met publieke ruimtes: het Upper Promenade Deck voor de eerste klasse en het lager gelegen Promenade Deck voor de toeristenklasse. Deze dekken waren op vrijwel identieke wijze ingedeeld, waarbij elke publieke ruimte een equivalent had in de andere klasse. De ruimtes van de beide klassen verschilden wezenlijk niet veel van elkaar; die van de eerste klasse waren iets intiemer van karakter.
Verder had elke klasse een eigen Sports Deck en kon van het binnenzwembad op verschillende tijdstippen gebruik worden gemaakt. Ook in het Auditorium (theater) hoefden passagiers uit de beide klassen elkaar niet tegen te komen: het balkon was gereserveerd voor de passagiers uit de eerste klasse, terwijl de passagiers uit de toeristenklasse in de zaal van de voorstellingen genoten.
Alleen tijdens de transatlantische lijndienst tussen Rotterdam en New York was er sprake van twee passagiersklassen. Tijdens cruisereizen waren alle dekken en publieke ruimtes voor alle passagiers toegankelijk. Toen de Rotterdam vanaf 1969 niet meer werd ingezet voor de reguliere lijndienst en alleen nog cruises ging varen, behoorden de passagiersklassen tot het verleden.

most characteristic and atmospheric ever made of the ship.

The Rotterdam originally offered a first class and a tourist class (second class). Both classes had their own deck with public areas: the Upper Promenade Deck for the first class and the Promenade Deck, situated lower down, for the tourist class. These decks were laid out in virtually identical ways: each public area had its equivalent in the other class. The areas of both classes did not differ greatly from each other; those for the first class were somewhat more intimate in character.
Each class also had its own Sports Deck and the indoor swimming pool could be used at different times. Even in the Auditorium (theatre), there was no need for the passengers from each class to mix with each other; the balcony was reserved for first class passengers, while the tourist class passengers enjoyed the performances from the stalls.
Only during the scheduled transatlantic services between Rotterdam and New York were there actually two passenger classes. During cruises, all decks and public areas were accessible to all passengers. When, from 1969 onwards, the Rotterdam was no longer used for scheduled services and only sailed cruises, the passenger classes became a thing of the past.

## Verklarende lijst bij de tekening van de Rotterdam

1 Trossendek
**2 Achterdek**
3 Bemanningshutten Main Deck achterzijde
4 Douches buitenzwembad (vanaf 2009 Wading Pool)
5 Windscherm
**6 Buitenzwembad** (vanaf 2009 Wading Pool)
7 Pergola boven Lido Deck
**8 Open terras** bij Lido Restaurant toeristenklasse
9 Doorgang naar Upper Promenade Deck
10 Laadmasten
11 Schroefassen
**11A Stuurmachine**
12 Hogedruk turbine
13 Lagedruk turbine
**13A Manoeuvreerbord hoofdmachinekamer** (niet zichtbaar op tekening)
14 Hoofdcondensor
**14A Ketelruimte** (niet zichtbaar op tekening)
15 Trappenhuis achterzijde
16 Ventilatiekoker machinekamers
17 Binnenhutten A-Deck
18 Binnenhutten Main Deck
19 Binnenhutten Lower Promenade Deck
20 Overdekt Lido terras
**21** Lido Restaurant toeristenklasse (voorheen **Café de la Paix met Verandah**)
**22 Open promenade** bij Ritz Carlton eerste klasse (vanaf 2009 Grand Ballroom)
**23 Ritz Carlton** eerste klasse (vanaf 2009 Grand Ballroom)
24 Sun Deck
25 Kennels
26 Batterijenruimte
27 Reddingsvlotten
**28 Rookuitlaten**
29 Platform boven Sports Deck toeristenklasse
30 Boat Deck
31 Tender/reddingsboot
**32 Open gedeelte Upper Promenade Deck**
**32A Tropic Bar** eerste klasse (midscheeps gelegen, niet zichtbaar op tekening)
33 Promenade Deck
**34 Buitenhut** toeristenklasse Lower Promenade Deck
35 Airconditioning
36 Brandbestrijding
**37 Sports Deck** toeristenklasse
38 Officiershutten
**39 Sunroom** toeristenklasse
40 Airconditioning
**41 Smoking Room** eerste klasse
**42 Library** eerste klasse

## Explanatory list for the drawing of the Rotterdam.

1 Deck for storing the mooring lines
**2 Quarterdeck**
3 Crew cabins, Main Deck rear side
4 Showers outside swimming-pool (from 2009 Wading Pool)
5 Windscreen
**6 Outside swimming-pool** (from 2009 Wading Pool)
7 Pergola above Lido Deck
**8 Open terrace** of Lido Restaurant tourist class
9 Entrance to Upper Promenade Deck
10 Loading cranes
11 Propeller shafts
**11A Steering equipment**
12 High-pressure turbine
13 Low-pressure turbine
**13A Manoeuvring console main engine room** (not visible on drawing)
14 Main condenser
**14A Boiler room** (not visible on drawing)
15 Stairs rear side
16 Ventilation shaft engine rooms
17 Inside cabins A-Deck
18 Inside cabins Main Deck
19 Inside cabins Lower Promenade Deck
20 Covered Lido terrace
**21** Lido Restaurant tourist class (formerly **Café de la Paix with Verandah**)
**22 Open promenade** at Ritz Carlton first class (from 2009 Grand Ballroom)
**23 Ritz Carlton** first class (from 2009 Grand Ballroom)
24 Sun Deck
25 Kennels
26 Batteries room
27 Emergency rafts
**28 Steam funnels**
29 Platform above Sports Deck tourist class
30 Boat Deck
31 Tender
**32 Open section Upper Promenade Deck**
**32A Tropic Bar** first class (located midships, not visible on drawing)
33 Promenade Deck
**34 Sea-view Cabin** tourist class Lower Promenade Deck.
35 Air-conditioning
36 Fire flighting system
**37 Sports Deck** tourist class
38 Officer cabins
**39 Sunroom** tourist class
40 Air-conditioning
**41 Smoking Room** first class
**42 Library** first class

**42A** **Cardroom** eerste klasse (niet zichtbaar op tekening)
**43** **Terras** bij Skyroom eerste klasse
44 Hoofdtrappenhuis en vestibule Promenade Deck
**44A** **Ocean Bar** toeristenklasse (gelegen aan bakboordzijde, niet zichtbaar op tekening)
45 Hoofdtrappenhuis en vestibule Lower Promenade Deck
46 Binnenhutten Lower Promenade Deck
**47** **De Lynbaan** en Library toeristenklasse
**48** **Clubroom** toeristenklasse (later Casino)
**49** **Luxe buitenhut** Lower Promenade Deck
50 Airconditioning
**51** **Beauty Parlor** en Barber Shop
**52** **Grillroom** bij Eetzaal 'La Fontaine' toeristenklasse
**53** **Eetzaal 'La Fontaine'** toeristenklasse
54 Vitrines Main Deck
55 Vestibule Main Deck
56 Strijkkamer
57 Hoofdtrappenhuis en vestibule A-Deck
58 Hoofdtrappenhuis en vestibule B-Deck
59 Bemanningsmessroom
60 Boilerruimte
61 Waterballasttanks
62 Bemanningskeuken
63 Afwaskeuken
64 Drukkerij
65 Technische ruimte D-Deck
66 Banketbakkerij C-Deck
67 Stabilisatorruimte
68 Passagierslift
69 Aardappelschilruimte
70 Toegang B-Deck
71 Buitenhut A-Deck
72 Toegang Main Deck
73 Buitenhutten Lower Promenade Deck
74 Receptieruimte
75 Overdekt Upper Promenade Deck
76 Hoofdtrappenhuis
77 Hoofdtrappenhuis en vestibule Boat Deck
**78** **Radiokamer**
**79** **Skyroom** eerste klasse
80 Airconditioning
**81** **Observation Deck**
82 Lift 1 machinekamer
83 Officiersmessroom
**84** **Reddingsboot**
**85** **Sports Deck** eerste klasse
86 Hutten machinekamerpersoneel
87 Airconditioning
**88** **Open promenade** Boat Deck
**89** **Ambassador Room** eerste klasse
**90** **Lounge** toeristenklasse (later Queens Lounge)
91 Binnenhutten Lower Promenade Deck

**42A** **Card room** first class (not visible on drawing)
**43** **Terrace** of Skyroom first class
44 Main stairway and vestibule Promenade Deck
**44A** **Ocean Bar** tourist class (located on port side, not visible on drawing)
45 Main stairway and vestibule Lower Promenade Deck
46 Inside cabins Lower Promenade Deck
**47** **De Lynbaan** and Library tourist class
**48** **Clubroom** tourist class (later Casino)
**49** **Luxurious sea-view cabin** Lower Promenade Deck
50 Air-conditioning
**51** **Beauty Parlor** and Barber Shop
**52** **Grill room** next to the dining-room 'La Fontaine' tourist class
**53** **Dining-room** 'La Fontaine' tourist class
54 Showcases Main Deck
55 Vestibule Main Deck
56 Ironing room
57 Main stairway and vestibule A-Deck
58 Main stairway and vestibule B-Deck
59 Crew mess room
60 Boiler room
61 Water ballast tanks
62 Crew kitchen
63 Dish washing kitchen
64 Printing shop
65 Technical area D-Deck
66 Patisserie C-Deck
67 Gyro stabiliser room
68 Passenger lift
69 Potato peeling area
70 Entrance B-Deck
71 Inside cabin A-Deck
72 Access Main Deck
73 Sea-view cabin Lower Promenade Deck
74 Reception area
75 Covered Upper Promenade Deck
76 Main stairway
77 Main stairway and vestibule Boat Deck
**78** **Radio room**
**79** **Skyroom** first class
80 Air-conditioning
**81** **Observation Deck**
82 Lift 1 engine room
83 Officers mess room
**84** **Lifeboat**
**85** **Sports Deck** first class
86 Cabins engine room staff
87 Air-conditioning
**88** **Open promenade** Boat Deck
**89** **Ambassador Room** first class
**90** **Lounge** tourist class (later Queens Lounge)
91 Inside cabins Lower Promenade Deck

92 Airconditioning
93 Luxe buitenhut Lower Promenade Deck
94 Ingang Main Deck stuurboord
95 Cruise-ingang B-Deck stuurboord
96 Stabilisator stuurboord
**97 Keuken**
98 Lift
99 Officiershutten
100 Technische ruimte
101 Filmcabine Auditorium
**102 Auditorium**
**103 The Place** (later Cardroom)
104 Kleedkamers Auditorium
**105 Kinderkamers**
**105A** Atlantic Promenade (met voorheen **IJsbar La Venezia en teenagersruimte**)
106 Rondlopende promenade
107 Luxe hutten Boat Deck
**108 Commandobrug** (foto toont situatie vanaf 1997)
109 Kapiteinskamer
110 Radiopeilplatform
**111 Radarmast**
112 Binnenhutten Lower Promenade Deck
113 Airconditioning
**114 Eetzaal 'Odyssee'** eerste klasse
115 Keuken onder Eetzaal 'Odyssee' eerste klasse
**116 Binnenzwembad** D-Deck
**117 Wijnkelder**
118 Ontspanningsruimte onderofficieren
119 Vriesruimte
120 Goederenlift
121 Opslagruimte voedsel
122 Brandstoftanks
123 Vrachtruimte
124 Bagageruimte
**125 Medische behandelruimte**
126 Autodek
127 Toilettenruimte bemanning
128 Bemanningshut A-Deck
129 Luikhoofd ruim 2
130 Bemanningshutten Main Deck
131 Ankerkettingen
132 Luikhoofd ruim 1

92 Air-conditioning
93 Luxurious sea-view cabin Lower Promenade Deck
94 Entrance Main Deck starboard
95 Cruise entrance B-Deck starboard
96 Gyro stabiliser starboard
**97 Kitchen**
98 Lift
99 Officer cabins
100 Technical area
101 Film projection room Auditorium
**102 Auditorium**
**103 The Place** (later Card room)
104 Changing rooms Auditorium
**105 Nurseries**
**105A** Atlantic Promenade (with formerly Ice bar **La Venezia and teenagers' area**)
106 Promenade running about the ship
107 Luxury cabins Boat Deck
**108 Bridge** (photograph shows the situation from 1997 onwards)
109 Captain's room
110 Radio direction finder platform
**111 Radar mast**
112 Inside cabins Lower Promenade Deck
113 Air-conditioning
**114 Dining-room 'Odyssee'** first class
115 Kitchen below Dining-room 'Odyssee' first class
**116 Inside swimming pool** D-Deck
**117 Wine cellar**
118 Relaxation room petty officers
119 Freezing compartment
120 Goods lift
121 Food storage area
122 Fuel tanks
123 Cargo area
124 Luggage area
**125 Surgery**
126 Car deck
127 Crew toilet area
128 Crew cabin A-Deck
129 Hatch to hold 2
130 Crew cabins, Main Deck
131 Anchor chains
132 Hatch to hold 1

2

2

6

6

8

11A

13A

13A

14A

21

21

21

23

28

32

32A

34

39

41

41

42

43

43

42A

44A

44A

47

49

48

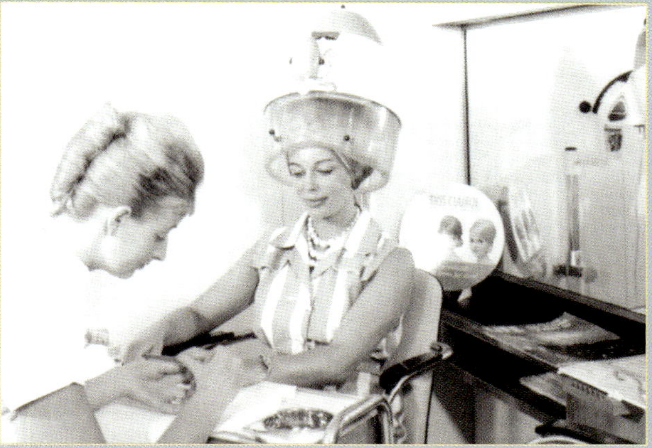

51

52

53

53

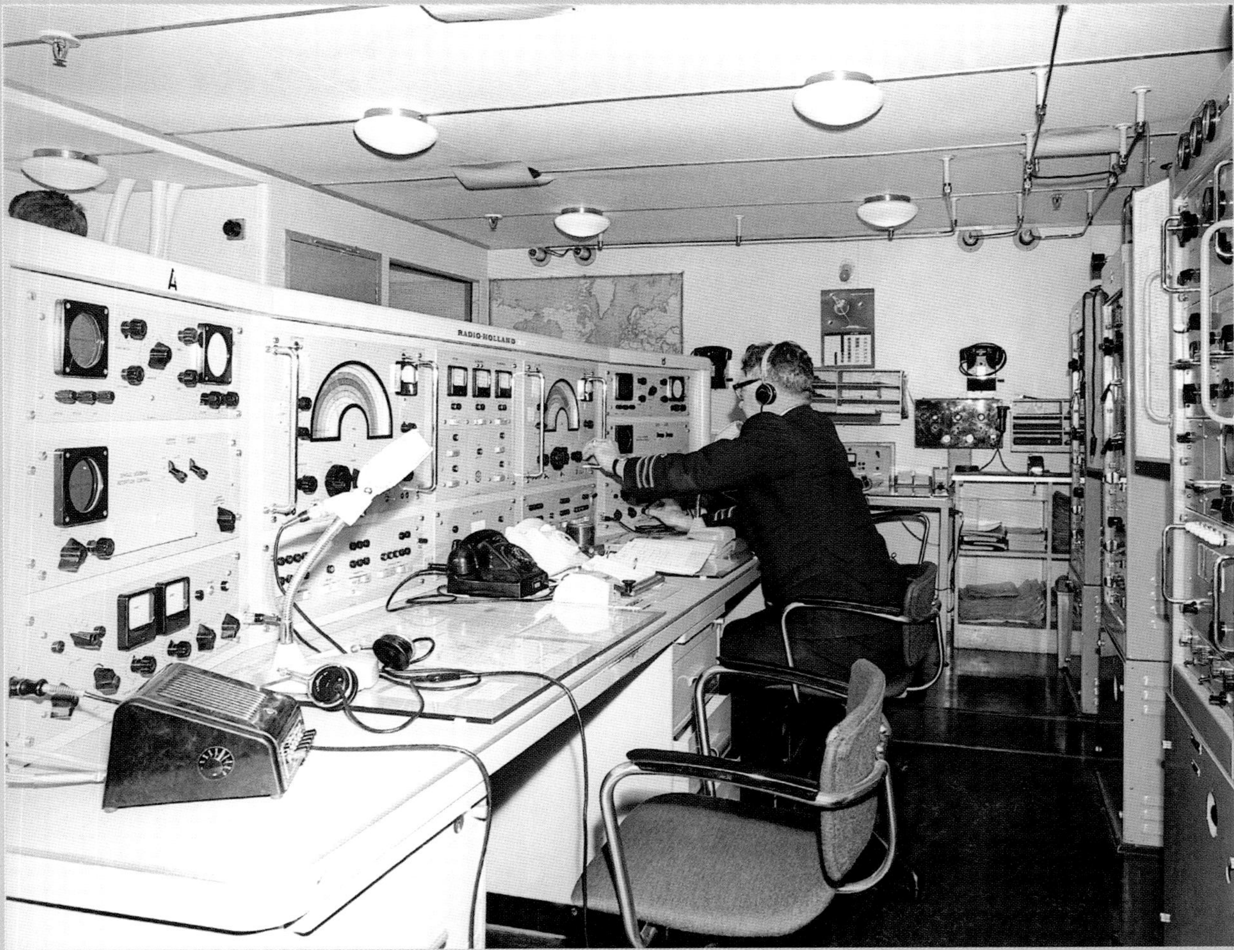


78

79

81

84

88

89

89

89

90

97

102

103

105

105A

105A

108

111

114

117

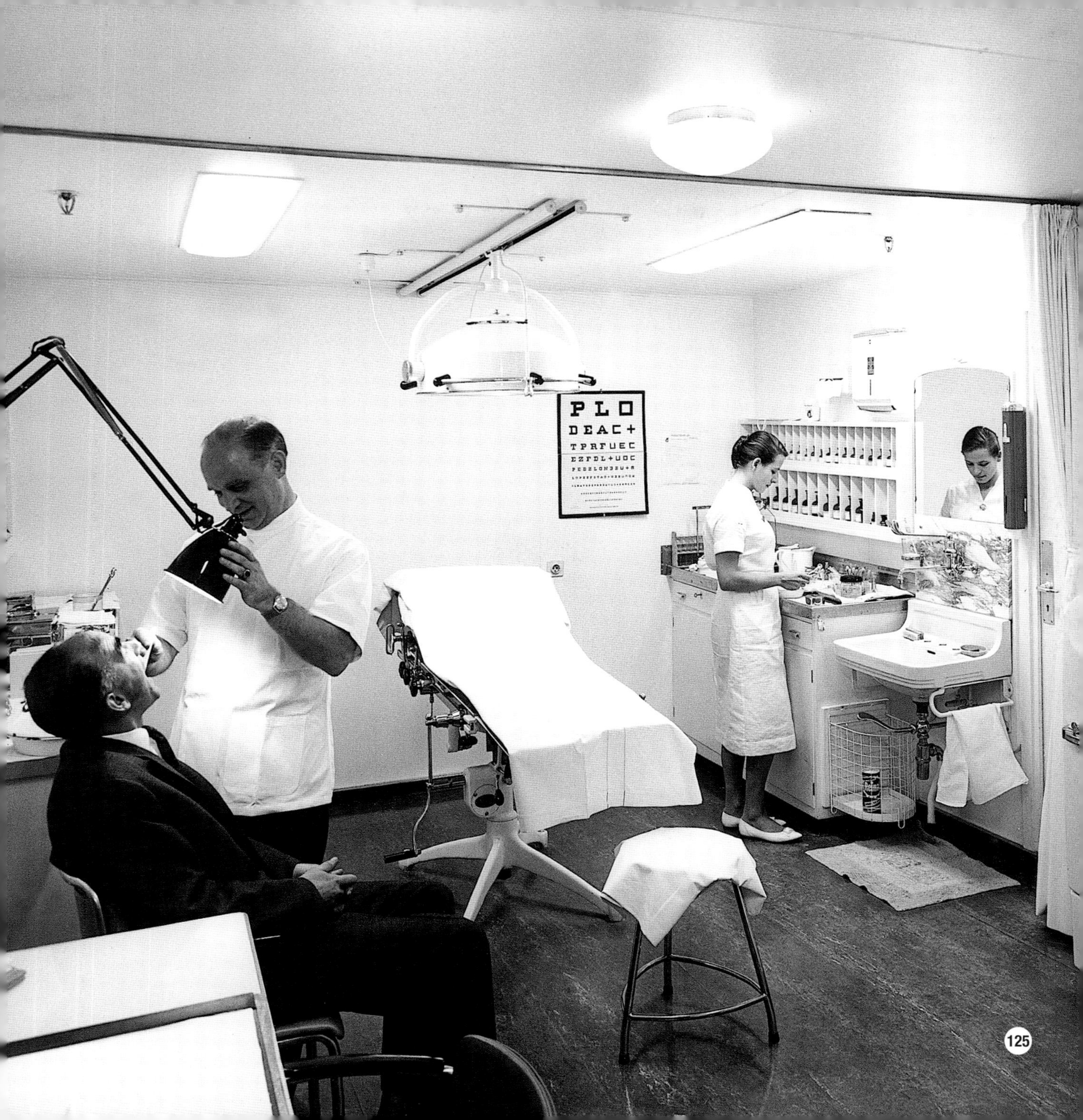
PLO
DEAC+
TPRFUEC

2 augustus 1958
Honderden handen hebben mee-gebouwd aan de Rotterdam, het visitekaartje van Nederland

Hundreds of hands have helped build the Rotterdam, the calling card of the Netherlands

17 november 1956
Op de mallenzolder van de RDM krijgen de schroefasuithouders vorm

In the mold shop of the RDM, the propellor shaft crane jibs take shape.

22 maart 1958
De imposante romp in de steigers

The imposing hull in the scaffolding

# De reis van de Rotterdam, een historisch overzicht
# The journey of the Rotterdam, an historical review

De Rotterdam heeft een lange reis achter de rug. In het volgende overzicht is haar historie samengevat.

The Rotterdam has a long journey behind her. Her history is summarised in the following review.

### 14 december 1956

Bij de Rotterdamsche Droogdok Maatschappij (RDM) wordt de kiel van 'bouwnummer 300' gelegd.

### 14 December 1956

At the Rotterdamsche Droogdok Maatschappij [*Rotterdam Dry Dock Company*] (RDM), the keel of 'construction number 300' is laid.

### 13 september 1958

Met de woorden "Ik geef U de naam Rotterdam en wens U een behouden vaart" doopt koningin Juliana de Rotterdam, waarna het casco van het nieuwe vlaggenschip van de Holland-Amerika Lijn (HAL) het water van de Maas in glijdt, onder gejuich van de massaal toegestroomde toeschouwers.

### 13 September 1958

"I name you Rotterdam and wish you a prosperous voyage." With these words, Queen Juliana christens the Rotterdam, after which the body of the new flag ship of the Holland America Line (HAL) slides into the waters of the Maas, accompanied by the cheers of the enormous crowd of spectators.

### 11 juli 1959

De eerste proefvaart van de Rotterdam is een feit: via Hoek van Holland vaart zij twee keer naar IJmuiden.

### 11 July 1959

The first trial run of the Rotterdam is accomplished: she sails twice via Hoek van Holland to IJmuiden.

13 september 1958
Vlak voor de tewaterlating. Met haar lengte van 228 meter is de Rotterdam het grootste passagiersschip dat ooit op een Nederlandse werf is gebouwd.

Just before the launch. With a length of 228 metres, the Rotterdam is the largest passenger ship ever built at a Dutch wharf.

13 september 1958
Bouwnummer 300 wordt s.s. Rotterdam V. Het nieuwe schip van de HAL wordt nagewuifd nadat het is gedoopt door koningin Juliana

Construction number 300 becomes S.S. Rotterdam V. The new ship of the HAL is waved off after being christened by Queen Juliana

13 september 1958
Een parade van schepen en scheepjes begroet de Rotterdam op het water van de Maas

A regatta of ships, large and small, greet the Rotterdam on the water of the Maas

13 september 1958
Voor de ogen van honderden toeschouwers dobbert het casco van 19 miljoen kilo staal van de Rotterdam op de Maas

Before the eyes of hundreds of spetactors, the Rotterdam's body made of 19 million kilograms of steel bobs on the Maas.

februari 1959
De radarmast is gereed om aan boord te worden getakeld

The radar mast is ready to be hoisted on board

maart 1959
De voor de Rotterdam zo karakteristieke rookuitlaten worden in positie gebracht

The funnels - so characteristic of the Rotterdam - are placed in position

april 1959
De eerste zonaanbidders
liggen op het achterdek

The first sun worshippers lay
on the rear deck

11 juli 1959
Op weg naar Hoek van Holland voor een korte machine-proefvaart

On the way to Hoek van Holland for a short engine test run

20 augustus 1959
Koningin Juliana hijst de vlag van de Holland-Amerika Lijn

Queen Juliana raises the flag of the Holland-America Line

**1-6 augustus 1959**
De Rotterdam maakt een technische proefvaart om verschillende manoeuvres te kunnen uitvoeren. Via Het Kanaal vaart zij de Atlantische Oceaan op tot aan de Azoren. Gedurende vijf dagen zijn medewerkers van de HAL, de RDM en bij de bouw betrokken ondernemingen, maar ook de kunstenaars, ontwerpers en architecten die aan de interieurs hebben meegewerkt, te gast op het schip. Zo kan ook de toekomstige bemanning van de Rotterdam 'proefdraaien'.

**1-6 August 1959**
The Rotterdam makes a technical trial run in order to carry out various manoeuvres. She sails via the English Channel to the Atlantic Ocean and on to the Azores. For five days, the employees of the HAL, the RDM and the companies involved in the construction, but also the artists, designers and architects who have worked on the interiors, are guests on the ship. In this way, the future crew of the Rotterdam can 'do a dry run'.

**20-21 augustus 1959**
Met als eregasten koningin Juliana, prins Bernhard en prinses Margriet maakt de Rotterdam een twee dagen durende officiële proefvaart. Op de eerste dag vindt de overdracht van de werf aan de rederij plaats. Onder toeziend oog van een groot aantal prominente gasten en gezagvoerder Coenraad Bouman, hijst koningin Juliana de vlag van de HAL.

**20-21 August 1959**
The Rotterdam makes an official two-day test run, with Queen Juliana, Prince Bernhard and Princess Margriet as guests of honour. On the first day, the ship is handed over by the wharf to the shipping company. Under the watchful eye of a large number of prominent guests and captain Coenraad Bouman, Queen Juliana raises the flag of the HAL.

**3 september 1959**
De Rotterdam maakt haar maiden voyage: via Le Havre en Southampton naar New York. Eregast op deze eerste reis is kroonprinses Beatrix die in New York de Hudsonherdenking zal bijwonen.

**3 September 1959**
The Rotterdam makes her maiden voyage: via Le Havre and Southampton to New York. Crown-Princess Beatrix is guest of Honour on this first voyage; she will be attending the Hudson Remembrance in New York.

**11 september 1959**
Voor de eerste keer arriveert de Rotterdam in de haven van New York. Ze wordt afgemeerd aan de pier van 5th Street (Hoboken).

**11 September 1959**
The Rotterdam makes its first entry into the harbour of New York. She is moored at the 5th Street pier (Hoboken).

22 september 1959
Afgemeerd aan de pier van 5th Street in New York, vlak voor de eerste thuisreis

Moored at the pier on 5th Street in New York, just before the first return journey home

**11 december 1959**
De Rotterdam vertrekt voor haar eerste cruise, waarbij het Zuid-Amerikaanse continent wordt gerond. New York is haar vertrek- en aankomsthaven.

**11 December 1959**
The Rotterdam departs for her first cruise, during which she rounds the tip of the South American continent. New York is her harbour of departure and arrival.

**28 januari 1961**
Vanuit New York in 77 dagen de wereld rond: de Rotterdam maakt haar eerste wereldcruise.

**28 January 1961**
From New York, around the world in 77 days: the Rotterdam makes her first world cruise.

**24 januari 1963**
De schepen van de HAL krijgen een nieuwe ligplaats aan de westzijde van Manhattan: Pier 40. Aan dit vierkante complex kunnen vier schepen tegelijk afmeren. De HAL vestigt hier ook een groot kantoor.

**24 January 1963**
The ships of the HAL are given a new berth on the west side of Manhattan: Pier 40. Four ships can be moored simultaneously at this square complex. The HAL also opens a large office here.

**september 1965**
Bij de RDM vindt de eerste grote verbouwing plaats. Daarbij wordt de kinderkamer op het Boat Deck vervangen door twaalf extra hutten. In de Atlantic Promenade verdwijnen de sport- en ontspanningsruimte voor de jeugd evenals IJsbar La Venezia. Daarvoor komen The Place en twee kinderkamers in de plaats. Verder wordt de Skyroom voorzien van een dansvloertje.

**September 1965**
The first major rebuild takes place at the RDM. The nursery on the Boat Deck is replaced by twelve extra cabins. In the Atlantic Promenade, the sport and recreation area for teenagers disappears, together with the Ice-Bar La Venezia. Their place is taken by The Place and two nurseries. In addition, the Skyroom is fitted with a dance floor.

**oktober 1968**
Als liner reist de Rotterdam voor de laatste keer van New York naar Rotterdam. Bij aankomst krijgt ze een grote onderhoudsbeurt. Ook het interieur wordt verfraaid en verbouwd met het oog op een nieuwe toekomst als cruiseschip. Het Café de la Paix en de Verandah maken plaats voor het

**October 1968**
The Rotterdam sails for the last time as liner from New York to Rotterdam. When she arrives, she undergoes a major overhaul. Her interior is also rebuilt and redecorated to make her suitable for her new future as cruise ship. The Café de la Paix and the Verandah make way for the Lido

Lido Restaurant en het aangrenzende Lido Deck wordt vernieuwd. Op het Sun Deck worden enkele officiershutten omgebouwd tot passagiershutten.

**9 december 1968**
De Rotterdam gaat als cruiseschip op weg naar New York.

**najaar 1969**
Voor een korte dokbeurt keert de Rotterdam weer even terug naar haar thuishaven.

**1970**
De HAL kondigt aan dat zij alle lijndiensten tussen Rotterdam en New York definitief gaat stopzetten.

**september 1971**
De jaarlijkse dokbeurt van de Rotterdam wordt uitgevoerd in Rotterdam.

**6 oktober 1971**
De Rotterdam begint aan haar laatste transatlantische oversteek van Rotterdam naar New York. Ze voert het nieuwe rederijlogo dat bestaat uit twee blauwe stroomlijnen en één witte tegen een oranjerode achtergrond.

**1972**
Voor het eerst gaat de Rotterdam voor haar dokbeurt niet naar Rotterdam maar naar Lissabon. Daar gaat ze in dok bij de grote Lisnave-scheepswerven. De rederij hoopt zo geld te besparen. Om dezelfde reden wordt de Rotterdam dat jaar geregistreerd onder de vlag van de Nederlandse Antillen, waardoor Willemstad haar thuishaven wordt.

Restaurant and the adjacent Lido Deck is renovated. On the Sun Deck, several officer cabins are converted into passenger cabins.

**9 December 1968**
The Rotterdam leaves as cruise ship on her way to New York.

**autumn 1969**
The Rotterdam returns to her home port for a short visit to the dry dock.

**1970**
The HAL announces that they are bringing a definite end to all scheduled passenger services between Rotterdam and New York.

**September 1971**
The annual dry dock overhaul is carried out in Rotterdam.

**6 October 1971**
The Rotterdam begins her last transatlantic crossing from Rotterdam to New York. She is flying the new company logo that consists of two blue streamlines and one white one against an orange-red background.

**1972**
For the first time, the Rotterdam does not go to Rotterdam for her dry-dock overhaul but to Lisbon. She docks there in the large Lisnave ship wharf. The shipping company hopes this will save it money. For the same reason, the Rotterdam is registered that year under the flag of the Dutch Antilles, which makes Willemstad her home port.

**1973**
Tijdens haar tweede dokbeurt in Lissabon krijgt de Rotterdam, net als de andere schepen van de HAL, een nieuwe 'look' die meer cachet moet uitstralen: haar romp wordt donkerblauw geschilderd.

**1974**
De Rotterdam krijgt haar dokbeurt in New York. In hetzelfde jaar wordt besloten dat de New York Passenger Terminal de nieuwe aanleg- en vertrekplaats van de HAL-schepen wordt.

**31 januari 1976**
De Rotterdam wordt bij Casablanca verrast door een zware golf die veel schade veroorzaakt. Later dat jaar worden in New York delen van het interieur aangepast en opgeknapt.

**1985**
Verschillende salons en hutten worden gemoderniseerd.

**1987**
Het Lido Restaurant en het Casino worden uitgebreid.

**17 januari 1989**
De Amerikaanse rederij Carnival Cruise Line koopt Holland America Cruises, het cruisebedrijf van de HAL, en geeft het de naam Holland America Line. De scheepsnamen en het logo van de HAL blijven gehandhaafd.

**september 1989**
De Rotterdam ondergaat een grote renovatiebeurt in Portland (Oregon)

**1973**
During her second dry-dock overhaul in Lisbon, the Rotterdam, in common with the other HAL ships, is given a new 'look' which is supposed to exude more style: her hull is painted dark blue.

**1974**
The Rotterdam is given her dock overhaul in New York. In the same year, the decision is taken that the New York Passenger Terminal will become the new arrival and departure place for the HAL ships.

**31 January 1976**
The Rotterdam is surprised by a heavy wave off Casablanca, which causes considerable damage. Later that year, in New York, parts of the interior were modified and refurbished.

**1985**
Various salons and cabins are modernised.

**1987**
The Lido Restaurant and the Casino are extended.

**17 January 1989**
The American shipping company Carnival Cruise Line purchases Holland America Cruises, the cruise company of the HAL, and names it the Holland America Line. The names of the ships and the logo of the HAL are retained.

**September 1989**
The Rotterdam undergoes extensive refurbishment in Portland (Oregon)

door Northwest Marine Ironworks. Er wordt een boegschroef aangebracht. Ook worden er twaalf extra passagiershutten gebouwd, worden delen van de teakhouten dekken vernieuwd en wordt het Upper Promenade Deck doorgetrokken om een groter oppervlak van het Lido Deck te kunnen overdekken. Het meubilair in de salons krijgt een nieuwe bekleding en het Casino wordt met extra speelautomaten uitgebreid.

by Northwest Marine Ironworks. A bow thruster is fitted. In addition, twelve extra passenger cabins are built, sections of the teak decks are renewed and the Upper Deck is extended so that a larger area of the Lido Deck can be under cover. The furniture in the salons is reupholstered and additional slot machines are placed in the Casino.

**1991**

De Clubroom wordt volledig in gebruik genomen als casino. 'Jongerenhonk' The Place wordt omgebouwd tot Cardroom.

**1991**

The Clubroom is put entirely into operation as casino. The Place, the teenager's hideout, is rebuilt as Card Room

**oktober 1996**

In Portland (Oregon) krijgt de Rotterdam een onderhoudsbeurt.

**October 1996**

In Portland (Oregon), the Rotterdam is given a maintenance overhaul.

**1997**

De Rotterdam vaart haar laatste wereldcruise.

**1997**

The Rotterdam sails her last world cruise.

**8 september 1997**

Premier Cruises wordt de nieuwe eigenaar van de Rotterdam. Ze gaat varen onder een nieuwe naam: Rembrandt en heeft weer een nieuwe thuishaven: Nassau. De Rembrandt krijgt een dokbeurt in Norfolk (Virginia); in Freeport (Bahama's) worden aanvullende werkzaamheden uitgevoerd.

**8 September 1997**

Premier Cruises become the new owner of the Rotterdam. She will sail under a new name: Rembrandt and has a new home port: Nassau. The Rembrandt undergoes a dry dock overhaul in Norfolk (Virginia); additional activities are carried out in Freeport (Bahamas).

**26 oktober 1998**

Nog een keer in Rotterdam... iets meer dan 27 jaar nadat zij voor de

**26 October 1998**

One more time in Rotterdam... a little over 27 years since she was

laatste keer haar thuishaven achter zich liet.

**13 september 2000**
Premier Cruises gaat failliet. De Rembrandt is net in Halifax (Canada) aangekomen en moet haar cruise abrupt afbreken. De passagiers gaan van boord.

**17 september 2000**
De Rembrandt vaart naar Freeport op het eiland Grand Bahama en wordt daar aan de ketting gelegd.

**4 mei 2001**
De Stichting behoud stoomschip Rotterdam wordt opgericht: een club die zich actief gaat inzetten voor de redding en het behoud van de Rembrandt.

**1 mei 2003**
De RDM koopt de Rembrandt via de besloten vennootschap s.s. Rotterdam, met de bedoeling om het schip terug te laten keren naar haar vroegere thuishaven Rotterdam.

**mei 2004**
De nieuwe ligplaats van het schip wordt bekendgemaakt: het Derde Katendrechtse Hoofd bij de toegang tot de Maashaven.

**17 juni 2004**
De Rembrandt wordt van de Bahama's naar Gibraltar in Zuid-Spanje gesleept.

last seen in her home port.

**13 September 2000**
Premier Cruises goes into bankruptcy. The Rembrandt has just arrived in Halifax (Canada) and has to abruptly break off her cruise. The passengers disembark.

**17 September 2000**
The Rembrandt sails to Freeport on Grand Bahamas and there the ship is arrested.

**4 May 2001**
The Foundation for the preservation of the steamship Rotterdam is founded: a club that actively lobbies for the rescue and the preservation of the Rembrandt.

**1 May 2003**
The RDM purchases the Rembrandt via the private company s.s. Rotterdam, with the intention of having the ship return to her former home port of Rotterdam.

**May 2004**
The new mooring place for the ship is announced: the Derde Katendrechtse Hoofd at the entrance to the Maashaven.

**17 June 2004**
The Rembrandt is towed from the Bahamas to Gibraltar in Southern Spain.

19 februari 2004
Aan de ketting in Freeport op de Bahama's

Arrested in Freeport on the Bahamas

2004
De laatste reis is begonnen: de Rotterdam wordt over de Atlantische Oceaan naar Gibraltar gesleept

The last journey has begun: the Rotterdam is towed across the Atlantic Ocean to Gibraltar

januari 2006
De Rotterdam krijgt een verfbeurt in Cádiz

The Rotterdam is given a new coat of paint in Cadiz

**12 juli 2004**
Bij scheepswerf Cammell Laird in Gibraltar krijgt de Rembrandt haar oorspronkelijke naam en thuishaven terug, zij het nog onofficieel. In Gibraltar wordt een begin gemaakt met het verwijderen van het in het schip aanwezige asbest.

**september 2004**
De Rotterdam wordt door een zakelijke belangenverstrengeling onverwacht eigendom van het Havenbedrijf Rotterdam.

**30 juni 2005**
Woningbouwcorporatie Woonbron en investeringsmaatschappij Eurobalance kopen de Rotterdam. Ze wordt ondergebracht bij Rederij De Rotterdam BV en zal geëxploiteerd worden door de Rotterdam B.V.

**24 november 2005**
Vanuit Gibraltar wordt de Rotterdam naar de Navantia-werf in het Zuid-Spaanse Cádiz overgebracht. Daar wordt zij teruggeschilderd in haar originele kleuren: (duif)grijs met een goudgele bies.

**26 januari 2006**
Eindelijk prijken de oorspronkelijke scheepsnaam en thuishaven weer op de romp en achtersteven van de Rotterdam.

**10 februari 2006**
De Rotterdam onderneemt een volgende reis. Dit keer is het Poolse Gdansk de eindbestemming.

**12 July 2004**
At the Cammell Laird ship wharf in Gibraltar, the Rembrandt is given her original name and home port, albeit still unofficial. In Gibraltar a start is made on removing the asbestos present in the ship.

**September 2004**
Because of a business conflict of interests, the Rotterdam unexpectedly becomes the property of the Rotterdam Harbour Authority.

**June 30, 2005**
The Woonbron housing corporation and the Eurobalance investment company buy the Rotterdam. She becomes the property of Rederij De Rotterdam BV [The Rotterdam Shipping Company] and will be exploited by the Rotterdam B.V.

**November 24 2005**
The Rotterdam is taken from Gibraltar to the Navantia Wharf in Cadiz, in Southern Spain. There she is returned to her original colours: (dove) grey with golden-yellow piping.

**26 January 2006**
Finally the original ship's name and home port are proudly shown on the hull and stern of the Rotterdam.

**10 February 2006**
The Rotterdam takes her next journey. This time Gdansk in Poland is the destination.

ROTTERDAM

26 januari 2006
Teruggebracht in de originele kleuren

Returned to her original colours

25 augustus 2006
tot 2 augustus 2008
In Wilhelmshaven
ondergaat de
Rotterdam een
grondige renovatie

In Wilhelmshaven,
the Rotterdam
undergoes a
thorough renovation

4 augustus 2008
De langverwachte intocht in Rotterdam, een glorieus moment

The long-awaited arrival in Rotterdam, a glorious moment

RT MAGIC
RT MAGIC
RT SPIRIT

**19 februari 2006**
Het sleepkonvooi passeert de Nederlandse kust.

**27 februari 2006**
Aankomst in Gdansk waar donkere wolken zich samenpakken boven de Rotterdam. Een periode van veel problemen breekt aan. De werkzaamheden aan het schip liggen stil.

**25 augustus 2006**
De Rotterdam wordt naar Wilhelmshaven in Noord-Duitsland gesleept.

**2 september 2006**
Aankomst in Wilhelmshaven waar de Rotterdam wordt afgemeerd aan de Hannoverkade. De asbestverwijdering kan worden voltooid en er kan eindelijk worden begonnen met de enorme renovatie en restauratie.

**2 augustus 2008**
De periode in Wilhelmshaven is tot een einde gekomen. De Rotterdam verlaat glorieus de haven.

**4 augustus 2008**
Voor de allerlaatste keer komt de Rotterdam in zicht vanuit Hoek van Holland. Begroet door velen, glijdt zij gracieus door het water van de Nieuwe Waterweg naar haar eindbestemming. Eindelijk thuis.

**19 February 2006**
The tug convoy passes the Dutch coast.

**27 February 2006**
Arrival in Gdansk, where dark clouds gather above the Rotterdam. It is the start of a period of considerable problems. The activities on the ship are suspended.

**25 August 2006**
The Rotterdam is towed to Wilhelmshaven in Northern Germany.

**2 September 2006**
Arrival in Wilhelmshaven where the Rotterdam is moored at the Hannoverkade. The removal of the asbestos is completed and finally a start can be made on the enormous renovation and restoration.

**2 August 2008**
The period in Wilhelmshaven has come to an end. The Rotterdam sails gloriously out of the harbour.

**4 August 2008**
For the very last time, the Rotterdam comes into view from Hoek van Holland. Greeted by many, she glides graciously through the water of the Nieuwe Waterweg to her final destination. Home at last.

Augustus 2008
Aan het Derde Katendrechtse Hoofd bij de toegang tot de Maashaven: klaar voor een nieuwe toekomst
August 2008
At the Derde Katendrechtse Hoofd at the entrance to the Maashaven: ready for a new future

# Gegevens van de Rotterdam
# The Rotterdam - in figures

| | | | |
|---|---|---|---|
| aantal dekken | 14, waarvan 10 voor passagiers | number of decks | 14, of which 10 for passengers |
| aantal passagiers eerste klasse | min. 319, max. 580 | number of passengers first class | min. 319, max. 580 |
| aantal passagiers toeristenklasse | min. 809, max. 1.137 | number of passengers tourist class | min. 809, max. 1.137 |
| aantal officieren en bemanningsleden | 776 | number of officers and crew members | 776 |
| reddingsboten | 18 | life-boats | 18 |
| totale lengte | 228,12 m. | total length | 228.12 m. |
| lengte op de waterlijn | 207,16 m. | length at waterline | 207.16 m. |
| breedte op buitenkant spanten | 28,65 m. | width at exterior ribs | 28.65 m |
| hoogte van de kiel tot top rookuitlaten | 49,85 m. | height of the keep to top of smoke exhausts | 49.85 m |
| maximale diepgang | 9,00 m. | maximum draught | 9.00 m |
| waterverplaatsing bij maximale diepgang | 31.530 ton à 1.000 kg. | water displacement at maximum draught | 31,530 tons at 1,000 k. |
| bruto inhoud | 38.645 reg. ton | gross content | 38,645 reg.ton |
| netto inhoud | 21.848 reg. ton | net content | 21,848 reg. ton |
| aantal schroeven | 2 | number of propellers | 2 |
| vermogen voortstuwingsinstallatie | 17.500 pk per schroef | power propulsion installation | 17,500 hp per propeller |
| dienstsnelheid | 20,5 knopen | operating speed | 20.5 knots |

(Informatie afkomstig uit: *Gegevens "s.s. Rotterdam"*, een uitgave uit 1959 van de Holland Amerika Lijn)

(Information derived from: *Data "s.s. Rotterdam"*, a 1959 publication by the Holland-America Line)

ROTTERDAM

## Fotoverantwoording/Photography sources

Er is alle moeite gedaan om rechthebbenden van copyright te achterhalen. Mochten er desondanks personen of instanties zijn die menen aanspraak te maken op bepaalde rechten, dan worden zij verzocht contact op te nemen met de uitgever.

Every effort has been made to track down the owners of the copyright. If, despite these efforts, there are persons or organisations that believe they have a claim to certain copyrights, they are requested to contact the publisher.

- Artifo, Harry Mosch / Thea Mosch-Lückerath, Rotterdam voorzijde cover, p. 6, 12 rechts boven, 27, 28-29, 37, 38 links onder, 38 rechts onder, 39, 42, 43 beide foto's, 43 onder, 44, 45, 46 alle foto's, 48 beide foto's, 49, 50 alle foto's, 51, 52 alle foto's, 53 alle foto's, 54, 56 links boven, 56 rechts onder, 57, 58 rechts boven, 58 onder, 59, 60, 64-65, 67, 68, 69 boven, 70, 71, 72, 107
- Centraal Fotopersbureau, Daniël van de Ven, Rotterdam achterzijde cover, p. 8, 19, 24, 25, 47, 55, 61, 62, 66, 73, 75, 76 rechts boven, 78, 81 links onder, 81 rechts onder, 82, 83 onder, 105
- Leon Beesemer p. 40 alle foto's, 41
- Sandra van Berkum p. 96 links, 96 rechts midden, 96 rechts onder
- Duc Boorsma sr. p. 20, 38 boven, 56 links onder, 58 links boven, 85
- Gemeentearchief Rotterdam, Fotocollectie Holland-Amerika Lijn, fotograaf niet bekend p. 9, 18
- G. Groeneveld p. 81 boven
- Hempel The Netherlands BV p. 92 links boven
- James Hind p. 15 rechts boven
- Hans Hoffmann p. 12 onder, 15 links boven
- Jan-Willem Koene p. 15 onder, 92 rechts boven, 92 links onder, 92 rechts onder, 94, 95
- Rienk Koopman 91 boven
- Paul Kramer p. 10-11, 69 onder, 96 boven, 97, 98-99, 100
- Klaas Krijnen p. 2
- RDM Fotodienst, verz. Ir. Knop/Stichting behoud stoomschip Rotterdam 76 links boven, 76 onder
- Ian Schiffman p. 12 links boven
- Dick Sellenraad p. 102, 103
- Spaarnestad Fotoarchief, Haarlem p. 16-17, 63, 74, 79, 80, 83 boven
- Thijs Tuurenhout p. 4-5, 108
- Fotograaf niet bekend p. 91 onder

stichting behoud stoomschip
ROTTERDAM

## Colofon/Colophon

ISBN 978 90 5594 690 7



**Samenstelling en teksten/Compilation and texts**
Sandra van Berkum

**Vertaling/Translation**
Jonathan Ellis

**Vormgeving/Design**
Ad van der Kouwe, Manifesta Rotterdam

**Druk/Print**
DZS Grafik

**Met dank aan/Special thanks to:**
Familie Boorsma
Gerard en Monica Brouwer
Cora Hoogeveen
Paul Kitsz
Jan-Willem Koene
Paul Kramer
Klaas Krijnen
Thea Mosch
Flip Nagler
Daniël van de Ven

Bij Uitgeverij Scriptum verscheen van Sandra van Berkum al eerder de uitgave *De Rotterdam. De kunst van het reizen.*

Scriptum Publishers previously published Sandra van Berkum's *The Rotterdam. The art of travel.*



Scriptum Publishers
Nieuwe Haven 151
3117 AA Schiedam
tel: 010 - 427.10.22
info@scriptum.nl
www.scriptum.nl

ROTTERDAM
ROTTERDAM